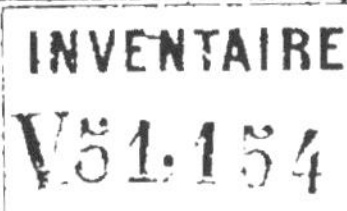

ÉTUDE

SUR LES DIVERSES

INTERPRÉTATIONS OU ÉVALUATIONS

DE LA

GAMME DIATONIQUE MAJEURE

UT, RÉ, MI, FA, SOL, LA, SI, UT

PRÉCÉDÉE DE

NOTIONS ÉLÉMENTAIRES DE CALCUL MUSICAL

PAR

Frçs.-Agtn. RENAUD

AUTEUR DE

Le principe radical de la Musique et la Tonalité moderne ou La Science de l'harmonie basée sur la nature même du son musical.

PARIS
HATON, LIBRAIRE-ÉDITEUR
33, rue Bonaparte, 33.

PRIX : 2 FRANCS.

ÉTUDE

SUR LES DIVERSES

INTERPRÉTATIONS OU ÉVALUATIONS

DE LA

GAMME DIATONIQUE MAJEURE

UT, RÉ, MI, FA, SOL, LA, SI, UT

PRÉCÉDÉE DE

NOTIONS ÉLÉMENTAIRES DE CALCUL MUSICAL

PAR

Frçs. Agtn. RENAUD

AUTEUR DE

Le principe radical de la Musique et la Tonalité moderne ou La Science de l'harmonie basée sur la nature même du son musical.

PARIS
Librairie Saint-Joseph
TOLRA ET HATON, LIBRAIRES-ÉDITEURS
68, rue Bonaparte, 68.

1871

NOTIONS ÉLÉMENTAIRES

DE

CALCUL MUSICAL.

1

VIBRATIONS, SON MUSICAL, INTENSITÉ ET INTONATION.

Les mouvements de va et vient, analogues aux oscillations du pendule, mais beaucoup plus rapides, exécutés par les molécules du corps sonore, sont appelés *vibrations*.

Le mouvement vibratoire des corps sonores se communique à l'air, et les vibrations formées par les ondes aériennes se transmettent à l'organe de l'ouïe. Telles sont les causes physiques du bruit et du son musical.

Ce dernier phénomène, le son *musical*, est produit par une série de vibrations *isochrones*, c'est-à-dire qui se succèdent à des intervalles de temps égaux.

Lorsque le mouvement vibratoire des corps sonores n'est pas isochrone, périodique, nous n'avons pas la sensation du son musical, mais celle du *bruit*, dont la sonorité confuse ne saurait être appréciée sous le rapport de l'intonation.

Egales en durée, puisqu'elles se succèdent à des intervalles de temps égaux, les vibrations d'un même son musical ne le sont pas généralement sous le rapport de l'*amplitude*, c'est-à-dire de l'étendue : les mouvements vibratoires s'exécutent dans des limites de plus en plus resserrées, jusqu'à ce que le son cesse d'être perçu. *L'intensité* du son croît ou décroît en raison de l'amplitude du mouvement vibratoire.

Quant à l'*intonation* du son musical, elle dépend du plus ou moins grand *nombre* des vibrations exécutées dans l'unité de temps. Moins dure chacune des vibrations qui produisent le son musical, par conséquent, plus elles sont nombreuses dans l'unité de temps, plus le son est aigu. Par exemple, le son produit par 101 vibrations à la seconde est un plus élevé que celui auquel 100 vibrations seulement donnent naissance. *L'unisson* est formé par deux ou plusieurs sons musicaux dont les nombres respectifs de vibrations se trouvent être identiques.

2

ÉVALUATION NUMÉRIQUE DES INTERVALLES.

La grandeur de l'intervalle compris entre deux sons musicaux d'intonation différente peut s'exprimer par un rapport numérique. Le rapport 1 : 2, par exemple, mesure l'intervalle d'*ut* grave à *ut* octave; ce qui veut dire que la basse, *ut,* de l'intervalle d'octave fournit une vibration pendant que l'*ut* supérieur en donne deux. Par conséquent, si nous supposons que l'*ut* grave soit le produit de 100 vibrations par seconde, l'*ut* octave en comptera 200 pendant le même temps : deux pour une.

Les rapports numériques par lesquels les physiciens mesurent ainsi la grandeur des intervalles, s'écrivent, soit sous forme de fraction, par ex., $\frac{2}{3}$ ou $\frac{3}{2}$, soit sous forme de rapport *géométrique*, 2 : 3 ou 3 : 2. Le terme le plus grand, qu'il soit au-dessus, qu'il soit au-dessous (dans l'expression fractionnaire), qu'il soit le premier, qu'il soit le second (dans le rapport géométrique), indique toujours le nombre relatif des vibrations du son aigu, et le terme le plus petit, celui des vibrations du son grave. Les expressions numériques $\frac{2}{3}$, $\frac{3}{2}$, 2 : 3, 3 : 2, de la quinte juste, *ut-sol*, par exemple, font donc voir également que la basse, *ut*, donne 2 vibrations pour 3 du *sol*.

La tonique ou premier degré étant le point de départ, la base de la formule mélodique appelée gamme, on évalue chacun des autres degrés, par exemple, *ré, mi, fa, sol, la, si, ut* octave, pour la gamme ascendante d'*ut*, mode majeur, d'après la grandeur de l'intervalle qu'ils forment avec la tonique, *ut* grave. Ainsi, le sixième degré, *la*, de la gamme des physiciens est dit avoir pour mesure le rapport 5 : 3, parce que les physiciens ont trouvé que le sixième degré fournit 5 vibrations, pendant que la tonique, l'*ut* grave, en donne 3.

3

ADDITION ET SOUSTRACTION DES INTERVALLES.

Les explications précédentes suffisent pour que le musicien le moins familiarisé avec le système d'évaluation numérique des intervalles puisse prendre connaissance de notre étude sur les *diverses interprétations ou évaluations* de la gamme, et en juger la portée. Toutefois, celui qui voudrait vérifier le détail des calculs, devrait savoir aussi faire l'application des règles suivantes :

1re Règle. *Addition.* Connaissant les rapports respectifs de deux intervalles, on obtient l'évaluation numérique de l'intervalle plus grand formé par leur juxtaposition, en multipliant le plus petit nombre du premier rapport par le plus petit du second, et le plus grand du second par le plus grand du premier. Si je sais, par exemple, que la tierce majeure consonnante, *ut-mi*, a pour mesure 4 : 5; et la tierce mineure consonnante, *mi-sol*, 5 : 6, j'aurai $\frac{4 . 5}{5 . 6}$ ou $\frac{20}{30}$ ou avec simplification $\frac{2}{3}$, pour la valeur de la quinte, *ut-sol*, qui comprend les deux tierces, *ut-mi* et *mi-sol* (*).

(*) Pour réduire une fraction ou un rapport géométrique *à sa plus simple expression*, il suffit de diviser les deux termes par le plus grand nombre qui puisse les diviser exactement, c'est-à-dire, comme il est dit dans les traités élémentaires d'arithmétique, par *le plus grand commun diviseur*.

2e Règle. *Soustraction.* Par contre, si, après avoir retranché un intervalle d'un autre plus grand, on veut connaître l'expression numérique de l'intervalle excédant, il faut multiplier le plus petit terme du premier rapport par le plus grand du second, et *vice versâ.* Soit l'octave *ut-ut* aigu, 1 : 2, que je diminue de l'intervalle de tierce mineure, *la-ut*, 5 : 6 ; la valeur de l'intervalle excédant, c'est-à-dire de la sixte majeure, *ut-la*, sera $\frac{1 \cdot 6}{2 \cdot 5} = \frac{6}{10}$, ou, avec simplification, $\frac{3}{5}$.

Lorsqu'il s'agit d'appliquer ces règles aux différents degrés de la gamme, il ne faut pas perdre de vue que l'expression numérique d'un degré n'est autre chose que celle de l'intervalle qu'il forme avec la tonique. Connaissant la valeur, $\frac{9}{8}$, du deuxième degré, la sus-tonique, *ré*, par exemple, et celle, $\frac{15}{8}$, du septième degré, *si*, je dois, pour obtenir la valeur de la sixte majeure, *ré-si*, me rappeler que $\frac{15}{8}$ est la mesure de l'intervalle *ut* grave - *si* aigu, et que $\frac{9}{8}$ est celle de l'intervalle de seconde, *ut-ré;* par où je vois que la solution du problème se réduit à l'application de la seconde règle (*soustraction des intervalles*); ce qui donne pour l'intervalle de sixte *ré-si* $\frac{15 \cdot 8}{8 \cdot 9} = \frac{120}{72}$ ou $\frac{5}{3}$, valeur de la sixte majeure consonnante.

Autres exemples. Si, connaissant la valeur, $\frac{3}{2}$ du cinquième degré ou dominante, *sol*, je veux obtenir celle du septième degré, *si*, que je sais être la tierce consonnante, $\frac{5}{4}$, du *sol*, je me souviens que la valeur de la dominante, $\frac{2}{3}$, est la mesure de l'intervalle *ut - sol*, et je comprends que la solution du problème se réduit à l'application de la première règle (*addition des intervalles*), puisqu'il s'agit de trouver la valeur de l'intervalle *ut - si*, par la juxtaposition de *ut - sol* et *sol - si*. On a donc $\frac{3 . 5}{2 . 4} = \frac{15}{8}$ pour expression numérique du septième degré.

Si l'on connaissait la valeur, $\frac{15}{8}$, du septième degré et qu'il fallût trouver celle de la dominante, *sol*, sachant qu'elle est à la tierce majeure inférieure, $\frac{5}{4}$, du *si*, on devrait encore se rappeler, d'une part, que $\frac{15}{8}$ est la mesure de l'intervalle de septième majeure, *ut - si;* d'autre part, que la valeur de la dominante doit être celle de l'intervalle de quinte, *ut - sol;* et l'on comprendrait que c'est le cas d'appliquer la seconde règle. On obtiendrait : $\frac{15 . 4}{8 . 5} = \frac{60}{40}$, ou, avec simplification, $\frac{3}{2}$.

Enfin, connaissant l'évaluation d'un degré déterminé, on peut avoir à chercher la valeur de l'intervalle qu'il forme avec un autre degré *pris hors de l'octave de la gamme*, à l'aigu ou au grave. En ce cas, la première chose à faire, c'est de trouver la valeur du degré pris hors de l'octave, soit en doublant le nombre des vibrations de ce même degré pris dans l'octave (lorsqu'il s'agit de l'octave supérieure), soit *en le divisant par deux* (lorsqu'il s'agit de l'octave inférieure). La valeur du *fa* 4 : 3 étant donnée, par exemple, avec celle du *si* supérieur, 15 : 8, si je veux obtenir la valeur de l'intervalle formé par le *fa* et le *si grave*, je prends d'abord la moitié de 15, nombre relatif des vibrations du *si ;* j'ai 7, 5, nombre des vibrations du *si* grave pour 8 de la tonique, *ut*, et il ne me reste plus qu'à additionner l'intervalle *si-ut*, 7, 5 : 8 avec *ut-fa*, 3 : 4, soit $\frac{7,5 . 3}{8 . 4} = \frac{22,5}{32}$, ou, en multipliant chaque terme du rapport par 2, afin que les deux termes soient des nombres entiers : $\frac{45}{64}$. Connaissant l'évaluation, $\frac{3}{2}$, du cinquième degré, *sol*, et celle du *ré* grave, $\frac{9}{8}$, pour obtenir la valeur de l'intervalle formé par le *sol* et le *ré* supérieur, je multiplie 9 par 2, et j'ai 18 : 8 pour mesure du *ré* octave ; partant, il ne me reste qu'à retrancher l'intervalle de quinte, *ut-sol*, de l'intervalle de neuvième, *ut-ré* octave, soit $\frac{3 . 8}{2 . 18} = \frac{24}{36}$ ou $\frac{2}{3}$.

ÉTUDE

SUR LES DIVERSES

INTERPRÉTATIONS OU ÉVALUATIONS

DE LA GAMME DIATONIQUE MAJEURE

UT, RÉ, MI, FA, SOL, LA, SI, UT.

I

Ni les musiciens avec les physiciens, ni les physiciens entre eux, ni les musiciens, ne s'accordent lorsqu'il s'agit de déterminer la valeur numérique des intervalles de la gamme majeure. Il y a entente, il est vrai, pour l'octave et la quinte de tonique, dont la première, *ut grave — ut aigu*, se mesure par le rapport 1 : 2, et la seconde, *ut — sol*, par 2 : 3; mais l'évaluation des cinq autres notes, *ré*, *mi*, *fa*, *la*, *si*, est encore un sujet de contestation. Et cependant, la détermination certaine et complète des intervalles de la gamme est l'objet d'une question fondamentale, de la solution de laquelle dépend toute théorie musicale vraiment scientifique.

Il importe donc d'examiner les divers systèmes d'évaluation des intervalles de la gamme majeure, et de se rendre compte des motifs qui ont déterminé tel ou tel physicien, tel ou tel musicien, à admettre un système plutôt qu'un autre. Cet examen ne saurait manquer de donner lieu à des observations intéressantes sur les variations d'intonation dont certaines notes de la gamme se trouvent susceptibles, et d'autre part, d'aider à la solution de ce problème tant de fois posé : Quelles sont les véritables valeurs des intervalles de la gamme majeure de la tonalité moderne? Sont-elles les mêmes que celles des intervalles de la gamme apparemment identique, *ut*, *ré*, *mi*, *fa*, *sol*, *la*, *si*, *ut*, de la tonalité du plain-chant? Ou la différence de ces deux tonalités ne serait-elle pas le résultat d'une divergence SENSIBLE dans l'intonation des *mêmes notes*?

II

Depuis trois cents ans, les physiciens attribuent généralement aux différents degrés de la gamme les valeurs suivantes :

Ut —	*ré* —	*mi* —	*fa* —	*sol* —	*la* —	*si* —	*ut.*
1	9/8	5/4	4/3	3/2	5/3	15/8	2

Suivant cette interprétation, il y a d'*ut* à *ré*, de *fa* à *sol*, de *la* à *si*, un ton MAJEUR, dont la valeur s'exprime par le rapport 8 : 9; de *ré* à *mi*, de *sol* à *la*, un ton MINEUR, mesuré par le rapport 9 : 10, et, par conséquent, moins grand que le majeur d'un comma ordinaire, 80 : 81, environ un neuvième du ton majeur; enfin, de *mi* à *fa*, de *si* à *ut*, il y a un demi-ton ordinaire, valeur 15 : 16. Les tierces majeures, *ut* — *mi*, *fa* — *la* et *sol* — *si* sont toutes les trois consonnantes, valeur 4 : 5. Les tierces mineures *mi* — *sol* et *la* — *ut* sont consonnantes, rapport 5 : 6, et la tierce mineure *ré* — *fa*, moins grande d'un comma que les précédentes, est dite *pythagoricienne*, parce qu'elle a la même valeur, 27 : 32, que les tierces mineures de la gamme de Pythagore (dont nous parlerons ci-après). Les quintes *ut* — *sol*, *mi* — *si*, *fa* — *ut*, *sol* — *ré* et *la* — *mi*, sont justes, rapport 2 : 3; la quinte *ré* — *la*, seule, est moins grande d'un comma ordinaire que la quinte juste.

Telle est la constitution de la gamme majeure dite *gamme des physiciens*.

Sans parler d'Euler, dont nous examinerons plus loin l'opinion, un physicien qui a fait des expériences aussi précises que possible sur la grandeur des intervalles, M. Delezenne a proposé un système d'évaluation un peu différent de la gamme ordinaire des physiciens. La sus-tonique, *ré*, ne serait pas séparée de la tonique, *ut*, par un ton majeur, mais par un ton mineur, 10 : 9 au lieu de 9 : 8; *ré* — *mi* deviendrait par là même ton majeur; la tierce mineure *ré* — *fa* serait consonnante au lieu d'être phythagoricienne, et la quinte *ré* — *la*, juste au lieu d'être abaissée d'un comma ordinaire. Par contre, la tierce mineure *si* — *ré* deviendrait pythagoricienne, et la quinte juste *sol* - *ré* serait diminuée d'un comma.

On ne saurait contester l'exactitude des expériences faites, soit par M. Delezenne, soit par les autres physiciens. Et, en cela, il n'y a point contradiction; car le second degré de la gamme, comme M. Delezenne lui-même l'a reconnu, se trouve séparé du premier, tantôt par un ton majeur, tantôt par un ton mineur. En effet, si le chanteur donne le *ré* en prenant *mentalement* pour point d'appui le *sol*, quarte juste inférieure de la tonique, — qu'il le fasse sciemment ou non, — le deuxième degré sera la quinte juste du *sol* et séparé de l'*ut* par un ton majeur; tandis que si le même chanteur rapporte le *ré* au *fa* quarte juste supérieure ou quinte juste inférieure de l'*ut*, en faisant du second degré une tierce mineure consonnante du *fa* supérieur ou une sixte majeure consonnante du *fa* inférieur, l'intervalle *ut* - *ré* ne sera que d'un ton mineur. Mais il est évident que, sous le rapport de la perfection de l'unité tonale, le second degré doit être déterminé d'après la valeur qui lui est propre lorsqu'on le rallie à la dominante *sol*, plutôt que d'après celle que lui fait prendre une relation moins importante avec la sous-dominante *fa*.

Quant à la gamme ordinaire des physiciens considérée dans son ensemble, on ne peut douter qu'elle n'indique la mesure exacte des intervalles *d'une* gamme diatonique majeure. Toutefois, ainsi interprétée, la formule principale de la mélodie est-elle la vraie gamme de la tonalité moderne?

Comme M. Fétis l'a fait observer, les demi-tons de la gamme des physiciens, *mi - fa*, *si - ut*, tous les deux mesurés par le rapport 15 : 16, sont MAJEURS et, par suite, non attractifs; car, sans le demi-ton MINEUR, « il n'y a pas d'attraction possible entre les sons. » La division des physiciens pouvait donc être admise sans inconvénients pour les tons ou modes du plain-chant, établis sur une gamme « dont aucun intervalle n'est attractif (*). » Mais, comme le demi-ton mineur n'apparaît pas dans cette division, elle ne saurait être celle de la gamme de la tonalité moderne, caractérisée par le phénomène de l'attraction.

Tous les musiciens, en effet, savent que dans la résolution (éminemment caractéristique de la tonalité moderne) de l'accord de septième de dominante avec ou sans substitution : *sol - si - ré - fa* ou *sol - si - ré - fa - (sol) - la*, attaqué librement (**) et sans préparation (***),

(*) V. *Revue et Gazette musicale*, 3 janvier 1847.

(**) C'est-à-dire sans que l'intonation soit imposée par des instruments à *sons fixes*.

(***) La préparation obligée est un artifice qui consiste à faire entendre, pour que l'effet en soit supportable, la note dissonante d'un accord dans l'accord précédent. Si la note *fa*, de l'accord *sol-si-ré-fa* était employée dans l'accord précédent *la-ut-fa*, la septième *fa* serait préparée ; mais cette préparation de la septième *dans l'accord dissonant de dominante* n'est nullement nécessaire : loin de là, c'est même le fait opposé, c'est-à-dire l'absence de préparation de cette septième, qui caractérise la tonalité moderne.

sur l'accord parfait majeur de tonique : *ut - mi - sol*, le *si* et le *fa* se trouvent plus rapprochés que les intervalles *si - fa*, de la gamme des physiciens ; en d'autres termes, le *fa* n'est pas aussi éloigné du *si* inférieur que lorsqu'il est donné avec l'intonation qui lui est propre dans l'accord *fa - la - ut*, et le *si* avec celle qu'il prend dans l'accord parfait *sol - si - ré;* d'où il résulte que, dans la résolution éminemment tonale de l'accord de dominante sur celui de tonique, les intervalles mélodiques *si - ut* et *fa - mi* (le *si* se résout sur l'*ut* et le *fa* sur le *mi*) ne peuvent être des demi-tons majeurs, sinon tous les deux, au moins l'un des deux : le *si* et le *fa* de la quinte mineure *si - fa* ne sauraient évidemment se trouver rapprochés qu'autant que le septième degré s'élève vers l'*ut*, si le quatrième degré ne s'abaisse pas vers le *mi*, — ou que le quatrième s'abaisse vers le *mi*, si le septième ne s'élève pas vers l'*ut*, — ou enfin, qu'en même temps le *si* s'élève et le *fa* s'abaisse. En toute hypothèse, la gamme ordinaire des physiciens n'explique point *l'attraction* du septième degré avec le quatrième dans la quinte mineure, *si - fa*, de l'accord éminemment caractéristique de septième de dominante : elle ne saurait donc être considérée comme la vraie gamme de la tonalité moderne.

III

Si le phénomène de l'attraction, c'est-à-dire du rapprochement des intervalles formant la quinte mineure *si-fa*, dans la résolution de l'accord de septième de dominante, *sol-si-ré-fa*, sur l'accord de tonique, *ut-mi-sol*, s'oppose à ce qu'on puisse regarder la gamme des physiciens comme la vraie formule du mode majeur de la tonalité moderne, cette gamme, toutefois, appartient à la tonalité du plain-chant.

Dans la musique des Grecs, en effet, la formule proprement dite de la mélodie, n'avait pas l'étendue d'une octave, mais seulement d'une *quarte*, *si* à *mi* par exemple, et s'appelait *tétracorde*, parce qu'elle comprenait quatre notes diversement réparties dans l'étendue de la quarte, selon les *genres* et leurs *espèces* (*). Par suite, la série des sons compris dans l'étendue d'une octave, celle des sept notes de l'échelle diatonique en particulier, d'où le plain-chant dérive, ne constituait pas une seule formule, mais elle était regardée comme un ensemble de formules, comme la juxtaposition de deux tétracordes *disjoints* (**),

(*) Dans le genre *diatonique*, le tétracorde était composé de deux intervalles d'un ton et d'un intervalle d'un demi-ton, qui pouvaient être disposés de trois manières, par ex., *si-ut-ré-mi*, première espèce; *ré-mi-fa-sol*, deuxième espèce; *ut-ré-mi-fa*, troisième espèce. Dans le genre *chromatique*, le tétracorde était divisé en deux demi-tons et une tierce mineure, par ex., *ut-ut dièse-ré-fa*. Dans le genre *enharmonique*, le tétracorde comprenait deux quarts de ton et une tierce majeure, par ex., *ut-ut+-ut dièse-fa*, le signe + représentant le quart de ton.

(**) Deux tétracordes *disjoints*, c'est-à-dire, deux tétracordes dont le premier n'est pas réuni au second par l'identité des extrêmes, suffisaient pour remplir l'étendue d'une octave; par ex., *mi-fa-sol-la* suivi de *si-ut-ré-mi*. Exemple de tétracordes conjoints: *si-ut-ré-mi* suivi de *mi-fa-sol-la*. La note *mi* fait ici double emploi, et l'octave n'est pas atteinte.

par exemple, *ut-ré-mi-fa*, premier tétracorde, suivi de *sol-la-si-ut*, second tétracorde. « Bien que les Grecs connussent parfaitement l'octave, puisqu'ils avaient nommé *antiphonie* la consonnance des sons reproduits à l'octave ou à la double octave, par opposition à l'*homophonie*, qui était le chant à l'unisson, dit Joseph d'Ortigue, il est pourtant vrai de dire que la base de leur échelle n'était pas comme chez nous, l'octave se reproduisant sans cesse, toujours semblable à elle-même; mais cette base était l'emploi répété du tétracorde, et l'octave elle-même subissait toujours la division tétracordale (*). »

Aussi Dom Jumilhac, qui publiait en 1673 son ouvrage intitulé : *La Science et la Pratique du Plain-Chant*, après avoir traité du tétracorde en général, ajoute-t-il : « Toute la melodie donc, et tous ses systemes, ne sont autre chose que ce premier tetrachorde doublé, triplé ou autrement multiplié; c'est pourquoi les chants n'ont esté estimez differens les uns des autres que selon la difference des intervalles dont leurs tetrachordes ont esté composez; laquelle différence les Anciens ont exprimée par le mot de genre (**). »

De ce fait incontestable, il résulte que, dans le plain-chant, la quarte de tonique, lorsqu'elle comprend deux tons et demi, est la quarte *juste*, et non la quarte

(*) *Dictionnaire liturgique, historique et théorique de Plain-Chant et de Musique religieuse. Art. Tétracorde.*

(**) **Partie seconde. Chapitre troisième, II.**

dissonante, comme cela a lieu, nous le verrons plus loin, dans la tonalité moderne proprement dite. Dans les modes du plain-chant qui ont l'*ut* pour finale ou tonique par exemple, la quarte *fa* doit être juste, et voici comment :

Dans une tonalité basée sur la distinction des tétracordes (*), les sons extrêmes de ces formules de quatre notes sont ceux qui frappent le plus l'attention, ceux qui sont considérés comme notes principales ; ce sont les points d'arrêt autour desquels pivotent les autres éléments. Or, si les notes intermédiaires se rattachent nécessairement à l'un ou à l'autre des extrêmes du tétracorde, notes invariables (**) dans tous les *genres*, ces extrêmes, d'autre part, doivent se relier entre eux par la relation la plus intime possible, et cette relation ne saurait être que celle de *quarte juste ;* car c'est la

(*) On sait que le système des *hexacordes* n'est que le « *pendant de celui des tétracordes.* » La suite de tétracordes : *sol - la - si - ut ; ut - ré - mi - fa ; fa - sol - la - si* b ou *sol - la - si* bécar - *ut*, transformée en hexacordes, donne : *sol - la - si - ut - ré - mi; ut - ré - mi - fa - sol - la ; fa - sol - la -- si* b -- *ut - ré* ou *sol -- la - si* bécar - *ut - ré - mi.* La basse de chaque hexacorde, comme on le voit, est identique avec celle de chaque tétracorde correspondant.

(**) Les intervalles d'octave, de quinte et de quarte « étaient seuls admis par les Grecs parmi les consonnances, dit M. Fétis, parce qu'on ne pouvait former que ceux-là *avec les cordes stables* (les extrêmes) des deux tétracordes disjoints qui composaient l'octave. Ces cordes stables étaient la première, la quatrième (extrêmes du premier tétracorde), la cinquième et la huitième (extrêmes du second tétracorde) de chaque espèce d'octave ou de chaque mode. » *Traité d'harmonie*, préface, p. xxxiij.

seule qui puisse rattacher *immédiatement* le quatrième degré au premier. Dans le plain-chant, le quatrième degré, *fa*, extrême du premier tétracorde de la gamme *ut - ré - mi - fa - sol - la - si - ut*, doit donc être pris à la quarte juste de la tonique, et se mesurer par le rapport 4 : 3, donné par la gamme des physiciens (*).

Le quatrième degré ainsi déterminé pour la gamme *ut -- ré - mi - fa - sol - la - si - ut* de la tonalité du plain-chant, et la valeur du cinquième, *sol*, quinte juste, 3 : 2, de la tonique, *ut*, n'étant pas contestée, pas plus que celle de l'octave, 2 : 1, de cette tonique, il ne nous reste plus à évaluer que le deuxième, *ré*, le troisième, *mi*, le sixième, *la*, et le septième degré, *si*.

Pour la sus-tonique, *ré*, elle est, comme nous l'avons vu, séparée de l'*ut* par l'intervalle d'un ton mineur lorsque le chantre, en l'émettant — qu'il le fasse sciemment ou non — s'appuie *mentalement* sur le *fa* quarte juste supérieure ou quinte juste inférieure de la tonique, ce qui rattache le *ré* au *fa* par un intervalle de tierce mineure consonnante, *ré - fa*, 5 : 6, ou de sixte ma-

(*) Nous ne croyons pas que, pour déterminer la valeur numérique du quatrième degré des gammes du plain-chant, aucun théoricien se soit jamais appuyé sur le fait de la division tétracordale. Nous tenons à l'indiquer, car la démonstration que nous venons de donner nous semble la seule péremptoire pour ce qui est de la distinction, au point de vue mélodique, de la tonalité du plain-chant avec celle de la musique moderne proprement dite. Et même, sous le rapport de l'harmonie, cette démonstration peut seule justifier scientifiquement *le fait* de la distinction de ces deux tonalités, dont l'une, la tonalité moderne, est basée sur l'accord *naturel* dissonant de dominante, et l'autre, celle du plain-chant, le rejette.

jeure, *fa-ré*, 3 : 5. Dans ce cas, le deuxième degré est moins élevé d'un comma que celui de la gamme ordinaire des physiciens; c'est le deuxième degré, 10 : 9, de la gamme de M. Delezenne, dont nous avons parlé ci-devant. Mais si le chantre s'appuie sur le *sol* pour l'intonation du *ré*, ce dernier degré, rallié au *sol* par un rapport de quinte juste, *sol-ré*, 2 : 3, ou de quarte juste, *ré-sol*, 3 : 4, sera exactement le deuxième degré de la gamme des physiciens, qui a pour mesure 9 : 8 par rapport à la tonique.

Quant aux notes *mi*, *la* et *si*, le chantre non accompagné peut, il est vrai, dans les passages par degrés conjoints, comme *ut-ré-mi-fa; fa-sol-la; sol-la-si-ut*, faire pythagoriciennes les tierces *ut-mi*, *fa-la* ou *sol-si*, par suite de l'intuition consciente ou inconsciente des quintes sous-entendues : *ut-(sol)-ré-(la)-mi; fa-(ut)-sol-(ré)-la; sol-(ré)-la-(mi)-si*. Mais ces tierces pythagoriciennes : 81 : 64, plus grandes d'un comma que les tierces consonnantes, paraissent aigres et rendent le plain-chant désagréable; les voix semblent *forcer* la note. Les tierces pythagoriciennes, d'ailleurs, disparaissent nécessairement lorsque la succession mélodique met la tierce majeure en rapport immédiat avec sa basse : *ut-mi-sol; fa-la-ut; sol-si-ré*. En ce cas, les tierces majeures sont consonnantes, 4 : 5, comme elles le sont aussi et doivent l'être dans les passages par degrés *conjoints*, lorsque le chantre, en donnant la note *mi*, ou *la*, ou *si*, s'appuie mentalement sur la tierce inférieure *ut*, ou *fa*, ou *sol*. De cette manière, les deux demi-tons, *mi-fa* et *si-ut*, mesurés tous les deux par le rapport 15 : 16, comme la gamme des physiciens l'indique, se trouvent être des demi-tons majeurs, et, comme tels, parfaitement conformes à la tonalité du plain-chant, qui ne saurait admettre le demi-ton mineur; car ce demi-ton donnerait naissance au phénomène de l'*attraction* par le rapprochement des notes *si* (grave) et *fa* (aigu), fait qui caractérise la tonalité moderne.

Observons toutefois que le 6me degré, *la*, de la gamme du plain-chant qui commence par *ut*, peut être plus élevé d'un comma que le sixième degré, 5 : 3, des physiciens, et avoir pour mesure 27 : 16; c'est lorsque le chantre émet ce *la* en s'appuyant sur le *ré*, quarte juste inférieure du *sol*. La quinte juste, *la*, du deuxième degré mesuré par 9 : 8, est, en effet, plus aiguë d'un comma que la tierce majeure consonnante, *la*, du *fa* quarte juste de la tonique, *ut*. Mais, vu qu'il vaut mieux, en général, rattacher le sixième degré, *la*, au quatrième, *fa*, 4 : 3, plus intimement uni à la finale, *ut*, que le deuxième degré ou sus-tonique, *ré*, on doit regarder le rapport 5 : 3 comme la mesure normale du sixième degré, *la*, dans la tonalité antique.

La gamme majeure des physiciens tout entière appartient donc à la tonalité du plain-chant.

IV

Nous avons vu que la gamme des physiciens, l'une des gammes du plain-chant, ne saurait être considérée comme la formule mélodique de la tonalité moderne : ce système n'explique point l'attraction du septième degré, *si*, avec le quatrième, *fa*, dans la résolution de l'accord de septième de dominante, *sol-si-ré-fa*, sur l'accord de tonique, *ut-mi-sol*. La gamme pythagoricienne,

Ut —	*ré* —	*mi* —	*fa* —	*sol* —	*la* —	*si* —	*ut*.
1	9/8	81/64	4/3	3/2	27/16	243/128	2

obtenue par la série des quintes, *fa-ut-sol-ré-la-mi-si*, et qui, éloignant le *si* aigu du *fa* grave, rapproche le *si* grave du *fa* aigu, serait-elle donc, comme le voulait M. Fétis, la vraie gamme de la tonalité moderne ?

Suivant la formule pythagoricienne, tous les tons sont égaux et majeurs, rapport 9 : 8, et les deux demi-tons, *mi-fa* et *si-ut*, 243 : 256, se trouvent moins grands d'un comma que le demi-ton ordinaire, celui de la gamme des physiciens ; les tierces majeures, *ut-mi*, *fa-la* et *sol-si*, 64 : 81, sont plus grandes d'un comma que les consonnantes, 4 : 5; par suite, les tierces mineures, *ré - fa, mi - sol* et *si - ré*, 27 : 32, plus petites de la même quantité que les tierces consonnantes, 5 : 6. Toutes les quintes sont justes, excepté la quinte mineure, *si - fa*, 729 : 1024, qui est un peu plus grande que la quinte mineure naturelle, 5 : 7.

La gamme des pythagoriciens peut se justifier en ce sens qu'il n'est pas impossible de l'exécuter, même avec les voix. Dans la gamme ascendante, en effet, lorsque le musicien, après avoir donné l'*ut*, chante le *ré* en prenant mentalement le *sol* inférieur pour point d'appui, et passe au *mi* en s'appuyant sur *la*, quarte juste inférieure du *ré*, il émet le troisième degré, *mi*, de la gamme pythagoricienne; et, s'il rapporte le *fa* à l'*ut*, s'il entonne *la* d'après *ré*, et *si* en s'appuyant sur *mi* donné d'après *la*, il chante réellement la formule pythagoricienne; car il obtient chacune des notes de la gamme par la relation de quintes directes ou renversées (les quartes justes). C'est ce qui arrive parfois, surtout quand des élèves de musique vocale montent la gamme lentement, de manière qu'après l'*ut*, le *ré* puisse être pris pour un nouveau point de départ. Mais ce fait ne prouve pas que la gamme pythagoricienne soit la véritable formule mélodique de la tonalité moderne.

Si, d'une part, en effet, le septième degré de la gamme pythagoricienne est plus élevé du comma 81 : 80 que le même degré de la gamme ordinaire des physiciens, et se trouve ainsi rapproché du quatrième dans la quinte mineure de sensible *si - fa* (*), le quatrième degré, d'autre part, conserve la valeur 4 : 3. Or, tous les musiciens conviennent que, dans l'accord de septième de dominante du mode majeur, attaqué librement et sans préparation, par ex. *sol - si - ré - fa*, la septième, quatrième degré, *fa*, se donne *sensiblement* plus bas que si le quatrième degré était la quinte juste inférieure de la tonique, par ex., dans l'accord *fa - la - ut*, et avait pour mesure 4 : 3. L'auteur de la *Théorie physiologique de la musique fondée sur l'étude des sensations auditives*, le célèbre physicien qui a su découvrir les causes du timbre musical, M. Helmholtz lui-même l'avoue, quoiqu'il ait donné le rapport 4 : 3 comme expression numérique du quatrième degré de la tonalité moderne. Il constate que, dans l'accord de septième de dominante, les chanteurs *baissent très-facilement le*

(*) L'intervalle *si - fa*, 729 : 1024, est alors très-voisin de la quinte mineure naturelle, 5 : 7; il n'en diffère que de 5120 : 5103; mais, à ne considérer que les battements des harmoniques et l'étrangeté des sons résultants, c'est-à-dire au point de vue exclusivement physique et physiologique, cette différence implique la fausseté *normale* de la quinte mineure de sensible, *si - fa*, dans le système des pythagoriciens La démonstration de cette assertion est d'une certitude mathématique; mais nous ne pouvons la donner ici, car elle suppose trop de notions préliminaires sur les battements, les sons harmoniques et les sons résultants. Les lecteurs qui désireraient se rendre compte de l'influence de ces phénomènes sur la constitution harmonique de la tonalité moderne, pourront, à ce sujet, consulter *Le principe radical de la musique et la tonalité moderne*, ou *La science de l'harmonie basée sur la nature même du son musical*. Paris. Tolra et Haton, rue Bonaparte, 68. Prix : 6 francs (*franco*).

fa *d'un comma ordinaire*, soit qu'en général cette note descende sur le *mi*, soit que l'accord obtenu par cette modification ait plus de douceur. C'est ce qui arrivera facilement, ajoute-t-il, surtout lorsque, dans l'accord précédent, le son du *fa* (quinte juste inférieure ou quarte juste supérieure de la tonique) n'aura pas été fixé par une affinité énergique. Ainsi, par exemple, si à l'accord consonnant *sol*, *si*, *ré*, on vient ajouter un *fa*, il se changera facilement en *fa* moins aigu d'un comma que le *fa* dont la tonique est la quinte ou la quarte juste, « parce qu'aucun des sons *sol*, *si*, *ré*, n'est étroitement allié au *fa* », quinte juste inférieure ou quarte juste supérieure de la tonique (*).

D'où il suit que le quatrième degré, fonctionnant comme septième de dominante du mode majeur avec son mode d'attaque propre, caractéristique, c'est-à-dire sans préparation, est moins élevé que le quatrième degré 4 : 3 de la gamme pythagoricienne.

Il y a déjà plus d'un siècle, « l'illustre géomètre Euler — nous citons les paroles de M. Fétis — avait reconnu par la force de son génie mathématique que dans l'accord de septième mineure *sol*-*si*-*ré*-*fa*, qui caractérise *notre tonalité*, il y a attraction descendante du *fa* vers le *mi*, et cette considération lui fit proposer dans un mémoire de l'Académie de Berlin (1764), de

(*) *Théorie physiologique de la musique*, p. 454.

représenter par le chiffre 7 ce *fa* de la musique moderne comme moins élevé que le *fa* de la théorie ordinaire (*). »

Répondra-t-on avec M. Fétis, « qu'Euler s'est trompé dans son opération, et qu'il ne s'agissait pas de baisser le *fa*, mais d'élever le *mi*? » Mais ce ne serait pas seulement s'opposer à l'opinion d'Euler, ce serait aussi se mettre en contradiction avec le sens musical de la généralité des artistes qui, nous venons de le dire, constatent journellement que le quatrième degré fonctionnant comme septième de dominante du mode majeur, attaqué librement et sans préparation, se donne *sensiblement* plus bas que s'il formait la basse d'un accord parfait dont la tonique serait la quinte.

Ce n'est pas sans motif, il est vrai, que M. Fétis a proposé la gamme pythagoricienne : nous avons vu que la gamme *ascendante* peut être chantée avec les valeurs d'intervalles indiquées dans ce système, et que, d'autre part, le *si* grave et le *fa* aigu n'y sont pas aussi éloignés que dans la gamme des physiciens, rapprochement nécessaire pour donner naissance à l'attraction propre à la tonalité moderne. Enfin, rien ne s'opposerait à ce que les tierces majeures *fa - la* et *sol - si* fussent dissonantes, comme cela a lieu dans la gamme de Pythagore, puis-

(*) *Revue et Gazette musicale*, 3 *janvier* 1847. Le *fa* représenté par le chiffre 7 par rapport à la basse génératrice, *sol*, dans *sol - sol* octave - *ré - sol* double octave - *si - ré - fa*, a 21 : 16 pour expression numérique par rapport au premier degré de la gamme. Il est moins aigu d'un peu plus d'un comma que le *fa* 4 : 3.

qu'elles peuvent faire partie de l'accord *naturel dissonant* fondé sur la dominante : *sol - si - ré - fa - (sol) - la*, éminemment caractéristique de la tonalité actuelle.

Mais, quoi qu'il en soit de la mesure des tierces *fa - la* et *sol - si*, il est évident que la tierce majeure de tonique, *ut - mi*, tierce qui fait partie d'un accord dont le caractère propre est celui du *repos*, il est évident, disons-nous, qu'elle doit être consonnante et mesurée par 5 : 4, si l'on veut que le caractère de repos de l'accord parfait majeur de tonique ne soit pas altéré, si l'on veut qu'il soit rendu avec toute la justesse possible. Un *mi* tant soit peu différent de la tierce consonnante de l'*ut* produirait dans l'accord de tonique, *ut - mi - sol*, des sons résultants faux, qui devraient rentrer dans l'accord, et des battements entre des harmoniques et des sons résultants qui devraient coïncider si la tierce était consonnante. La tierce pythagoricienne, plus élevée d'un comma que la tierce consonnante, ne saurait donc être considérée comme la véritable mesure de la tierce de tonique dans la gamme majeure de la tonalité moderne, à moins qu'on ne veuille prétendre que « les nécessités tonales et harmoniques de la musique actuelle » nous obligent à donner un accord de tonique *faux*, absolument parlant.

Ce dernier moyen de défense, toutefois, ne saurait faire triompher les partisans du système pythagoricien ; car si, *conformément à la fonction harmonique du troisième degré dans la tonalité moderne*, la pensée de l'artiste rattache directement le *mi* à l'*ut* et non au *la* quarte inférieure du *ré* 9 : 8, le *mi* prend la valeur 5 : 4, et la distance qui le sépare du *ré* n'est plus que d'un ton mineur, 10 : 9. C'est ce que démontrent les expériences précises de M. Delezenne.

« Comme l'opinion de ce savant (M. Fétis) règle celle de beaucoup de musiciens, dit M. Delezenne, j'ai dû apporter tous mes soins dans la recherche expérimentale de la vraie tierce majeure. M. Coulier, dont le secours m'a été si utile, prenait un vif intérêt à cette expérience, comme physicien et comme musicien. Voici comment on opérait. Je faisais vibrer la plus longue partie de la corde..., *arbitrairement* divisée, et il chantait mentalement l'unisson *ut, ut, ut, ut*, puis il chantait mentalement le *mi*, et alors je faisais entendre le son rendu par la plus courte partie de la corde. S'il le déclarait trop aigu ou trop grave, je déplaçais le chevalet en conséquence, puis le tâtonnement recommençait avec le même soin et les mêmes détails, jusqu'à ce que, de correction en correction, on soit parvenu à donner au chevalet une position inconnue, telle que l'oreille fût satisfaite. C'est alors seulement qu'en démasquant l'échelle, on pouvait lire la longueur de la corde. Pour arriver au *mi*, après avoir bien pris l'unisson de l'*ut*, M. Coulier chantait mentalement *ut, ut, ut, mi, mi, mi*, ou bien *ut, mi, sol, ut; ut, sol, mi, mi, mi, mi*... Ou bien encore, il chantait un air quelconque, comme

Malborough, qui commence par *ut, mi.* En un mot, il variait les moyens de chanter le *mi* sur l'*ut* répété (*). »

« Or, dit M. Delezenne, les expériences faites avec M. Coulier conduisent au nombre 5 : 4 ; l'*opinion* de M. Fétis conduit au nombre 81 : 64, il faut donc choisir entre l'opinion et le fait expérimental. Il n'y a pas de dissertation, si intéressante, si instructive, si savante qu'elle soit, qui puisse résoudre cette question de fait : il me faut des expériences exactes, n'en fût-il plus au monde (**). »

M. Delezenne mentionne ensuite d'autres expériences faites avec le concours de différents artistes, dont il cite les noms : il s'agissait cette fois de choisir entre la tierce 5 : 4 et la tierce 81 : 64, déterminées à l'avance. MM. Danel, administrateur président de l'académie de musique de Lille; Watier, professeur et compositeur ; Edouard Français, professeur à l'académie de musique ; Jules Français, violoncelliste, frère du précédent ; Albert Seigne, chef d'orchestre au théâtre de Lille et violoniste très-distingué ; Delcambre, violoniste ; Lapaix, luthier ; Baumann, professeur de violoncelle, de basson et de clarinette ; Mulheim, premier violon solo au théâtre de Lille, les uns de prime abord, sans hésitation aucune, les autres après un moment d'incertitude, ont trouvé bonne la tierce *ut-mi* 5 : 4, et trop aiguë la tierce

(*) *Sur la formule de la corde vibrante*, p. 32.

(**) *Ibidem*, p. 41.

81 : 64, cela surtout lorsque la tierce mineure, *mi-sol* 6 : 5, complément de la tierce majeure *ut-mi* 5 : 4 pour obtenir la quinte, ou 32 : 27, complément de la tierce 81 : 64, se faisait entendre après l'une ou l'autre tierce majeure.

La tierce majeure de la tonique, mise en rapport avec cette tonique conformément à sa fonction dans le système harmonique de la tonalité moderne, a donc, même dans la mélodie, pour mesure normale 5 : 4 ; elle est moins grande du comma 81 : 80 que la tierce pythagoricienne 81 : 64. D'autre part, comme nous l'avons vu, dans la résolution de l'accord de septième de dominante du mode majeur, attaqué sans préparation et lorsque l'intonation n'est pas imposée par les instruments à sons fixes, le quatrième degré se donne plus bas que ne l'indique la valeur 4 : 3. Ne sommes-nous pas en droit de conclure que la gamme ou la médiante, troisième degré, *mi*, a pour mesure 81 : 64 et le quatrième degré *fa*, 4 : 3, la gamme pythagoricienne, n'est point la gamme véritable de la musique moderne? (*)

(*) Il n'est pas nécessaire, d'ailleurs, de recourir à la genèse pythagoricienne des dièses et des bémols, pour rendre raison de la différence de hauteur d'*ut* dièse et de *ré* b, de *fa* dièse et de *sol* b, etc., dans les altérations proprement dites, comme on peut le voir p. 281 de *Le principe radical de la musique et la tonalité moderne; deuxième partie, IX, Accords altérés et modulation.* Au reste, quoique par la progression par quintes du système pythagorique, on obtienne des dièses plus élevés que les bémols correspondants, ce système ne rend pas compte de la différence d'intonation de la même note affectée du même signe d'altération, soit d'un dièse, soit d'un bémol ; car il est certain que la même note diésée n'est pas

V

Une dernière (*) gamme est proposée ou impliquée par toutes les théories qui ont cherché l'origine de l'accord de septième de dominante dans la division méthodique de la corde vibrante, c'est-à-dire dans les différents sons produits par une corde partagée successivement en deux, trois, quatre, etc., parties égales. La corde

toujours donnée à la même hauteur, qu'il en est de même pour la même note bémolisée, puisque l'une ou l'autre peut avoir des fonctions et, par suite, des valeurs diverses selon le ton où elle est employée. Aussi M. Fétis lui-même ne fut-il pas surpris des difficultés que rencontra M. de Bériot en cherchant à « dresser une échelle de positions sur le manche du violon pour satisfaire aux exigences du sentiment musical ; après beaucoup d'essais, rapporte M. Fétis (*Revue et Gazette musicale*, 3 janvier 1847), il me dit qu'il y trouvait des difficultés si grandes qu'elles le décourageaient, ce qui ne m'étonna pas. » Or le système pythagoricien ne nous donne qu'un *ré* b et qu'un *ut* dièse, un *sol* b et un *fa* dièse, etc., et par-là même ne suppose pas une telle difficulté de dresser une échelle sur le manche du violon. Il n'en est pas de même de la théorie que nous avons indiquée.

(*) Il est aussi une autre gamme majeure proposée en 1868 par M. Charles Meerens (*Phénomènes musico-physiologiques*). Les intervalles de cette gamme ont les mêmes valeurs que ceux de la formule dont nous allons parler, à l'exception du quatrième degré, que M. Meerens mesure par le rapport 27 : 20. Mais cette évaluation met entre le *fa* et le *mi* un demi-ton plus grand que le demi-ton ordinaire, et éloigne encore plus le *si* grave du *fa* supérieur que la gamme donnée par les physiciens, ce qui est en opposition avec le phénomène du rapprochement qui se produit dans la

entière donnant *sol*, par exemple, la moitié fait entendre *sol* octave aiguë; le tiers, *ré*, douzième de la fondamentale; le quart, *sol*, double octave; le cinquième, *si*, dix-septième; le sixième, *ré*, dix-neuvième; le septième, *fa*, vingt et unième : c'est l'accord de dominante *sol - si - ré - fa*, avec les redoublements de notes les plus harmonieux, *sol - sol - ré - sol - si - ré - fa*.

On obtient le même résultat en déterminant l'accord de septième de dominante d'après la série des harmoniques, c'est-à-dire, d'après la suite des sept premiers sons partiels qui accompagnent le véritable son musical; car la série des harmoniques est composée d'éléments identiques à ceux qui sont produits par la division méthodique de la corde vibrante. Il importe de remarquer, cependant, que toute théorie musicale doit s'appuyer sur un phénomène qui présente un caractère d'*universalité*, comme cela a lieu pour le phénomène

résolution de l'accord de septième de dominante sur l'accord de tonique du mode majeur. A été, du reste, publiée dans la *France musicale* une étude sur la *théorie musicale* de M. Charles Meerens, où nous expliquons comment certaines expériences de M. Delezenne, malgré leur précision, n'ont pas la portée que M. Meerens leur attribue par rapport au mode *majeur*. Elles prouvent seulement que la septième, *fa*, de l'accord dissonant, *sol - si - ré - fa*, peut être prise à la tierce consonnante, 6 : 5, du *ré* (ce qui donne 27 : 20 pour mesure du *fa* comme quatrième degré) ainsi que cela a lieu régulièrement dans le mode *mineur*, où le *fa*, descendant sur le *mi* bémol, doit en être séparé par un ton majeur pour se trouver en même temps relié au *ré*. Voir ci-après : *Appendice* Extraits d'une étude sur *la théorie musicale* de M. Charles Meerens, publiée dans la *France musicale*, année 1870 (n°s 26, 27, 28, 29, 30).

des harmoniques (*), propriété *essentielle* du véritable son musical (**), et non pour la division méthodique des cordes, fait particulier, commun à *une espèce* de sons musicaux seulement.

La gamme ou le quatrième degré, *fa*, et, par suite (nous verrons bientôt pourquoi), le sixième, *la*, sont déterminés d'après la valeur qu'ils prennent dans l'accord dissonant de dominante, *sol* - *si* - *ré* - *fa* - (*sol*) - *la*, tiré des harmoniques, est ainsi évaluée :

Ut —	*ré* —	*mi* —	*fa* —	*sol* —	*la* —	*si* —	*ut.*
1	9/8	5/4	21/16	3/2	27/16	15/8	2

(*) Le phénomène de la pluralité des sons partiels qui composent le son musical, est connu sous le nom de *résonnance multiple*. Jusqu'à ces derniers temps, les physiciens n'avaient reconnu *ni la généralité*, ni l'intensité relativement considérable de ce phénomène. Pour les personnes qui n'ont pas suivi les récents progrès de la science de l'acoustique, il est assez difficile d'admettre que tout son de la voix ou des instruments soit composé de sons partiels dont nous n'avons pas habituellement la perception distincte ; mais M. Helmholtz a démontré que les différences d'intensité, de hauteur et de nombre, des sons concomitants constituent les variétés du *timbre musical*. Les résultats obtenus par M. Helmholtz sont admis comme hors de conteste par les nouveaux traités de physique et rendus sensibles par plusieurs appareils qu'on peut se procurer à la maison Hachette. V. *Catalogue du matériel scientifique*. Octobre 1869 ; p. 29 et 35 ; n°s 52, 53, 54, 55, 56, 58, 247, 248, 254.

(**) Les musiciens qui voudraient se rendre compte de cette assertion, à savoir, que le phénomène des sons concomitants *harmoniques* est une propriété essentielle du véritable son musical pourront consulter à ce sujet *Le principe radical de la musique*, etc. Première partie. V. *Caractère d'universalité du phénomène des harmoniques, propriété essentielle du véritable son musical*, p. 68.

Suivant cette interprétation, le deuxième, le troisième, le cinquième et le septième degré ont la même valeur que dans la gamme des physiciens. Le quatrième est moins élevé d'un peu plus d'un comma ordinaire que le degré correspondant de cette dernière gamme. Par là même, les notes *fa* et *mi* ne se trouvent plus séparées que par un petit demi-ton, 21 : 20, conformément à la tendance du *fa* vers le *mi* observée par tous les artistes dans la résolution de l'accord éminemment caractéristique de la tonalité moderne, l'accord de septième de dominante, *sol-si-ré-fa*, sur l'accord de tonique, *ut - mi - sol;* et les notes de la quinte mineure, *si-fa*, sont reliées intimement entre elles, rapport 5 : 7. Le sixième degré, *la*, est plus élevé d'un comma ordinaire que celui des physiciens : il est la quinte juste du *ré*, avec lequel il doit être mis en relation, conformément à sa fonction dans l'accord de neuvième de dominante, *sol-si-ré-fa-la*, où il revêt le caractère qui le distingue dans la tonalité moderne. Le sixième degré 27 : 16, d'ailleurs, forme avec le quatrième, 21 : 16, une tierce majeure, *fa - la*, 7 : 9, sensiblement dissonante, ce qui fait disparaître la *fausse relation* de deux tierces majeures consonnantes de suite *fa - la* et *sol-si* (gamme des physiciens).

Enfin, constitués par l'aggrégation des notes de la gamme ainsi évaluée, l'accord de tonique, *ut - mi - sol*, et l'accord dissonant fondé sur la dominante, *sol - si - ré fa - (sol) - la*, forment l'ensemble le plus harmonieux qu'un accord parfait de tonique ou un accord dissonant de dominante puisse présenter : en ce cas, tous les *sons résultants* se trouvent être le redoublement des sons primaires à une octave inférieure, et les *coïncidences d'harmoniques*, aussi importantes que possible (*). Une gamme qui implique de tels résultats au point de vue de l'harmonie, n'est-elle pas la vraie gamme de cette tonalité souverainement harmonique appelée musique moderne ?

Il nous reste, toutefois, une difficulté à résoudre. Votre gamme, nous dira-t-on, conserve un demi-ton majeur, 15 : 16, entre le *si* et l'*ut*. D'où vient donc le nom de *sensible* donné par tous les théoriciens modernes au septième degré, sinon que, en règle générale, il se porte vers le huitième, la tonique, de manière à produire un demi-ton *mineur* ?

Le fait du rapprochement de la sensible avec la tonique, répondrons-nous, n'a pas le caractère d'universalité qui, à première vue, semble lui appartenir. Il est vrai que, dans la gamme *ascendante*, même avec les voix, ce phénomène se produit souvent ; mais, dans la gamme *descendante*, la distance entre le *si* et l'*ut* est plus grande que dans la première ; car, en ce cas, pour

(*) On peut voir la démonstration de cette assertion, p. 131 de *Le principe radical de la musique*, etc. Deuxième partie. III. Genèse du second accord fondamental de la tonalité moderne : l'accord naturel dissonant fondé sur la dominante : *sol* - *si* - *ré* - *fa* - (*sol*) - *la*, dont l'enchaînement avec l'accord de tonique forme le type de *succession harmonique* dans la perfection de l'unité tonale.

prendre le langage des musiciens, le *si* n'est plus soumis à l'influence de l'attraction : comme il doit descendre au *la*, il ne se porte plus vers l'*ut* et l'artiste n'a pas besoin de *diminuer* l'intervalle de demi-ton qui sépare le *si* de l'*ut ;* cet intervalle prend fort bien la valeur du demi-ton majeur, 15 : 16, tandis que le *fa* qui vient ensuite, se rapprochant du *mi* 5 : 4, forme avec ce degré un demi-ton faible, 21 : 20. Or, si, dans la gamme *descendante*, lorsque l'intonation est libre, l'intervalle *si - ut* n'est pas un demi-ton attractif, diminué, plus petit que le demi-ton 15 : 16, il s'ensuit que, *dans la moitié des cas au moins*, à ne considérer que la mélodie isolée et dégagée d'entraves, l'intervalle *si - ut*, n'est pas un demi-ton mineur. Quand même on admettrait que, dans tous les cas et nécessairement, — ce qui n'est point, — le demi-ton *si - ut* de la gamme ascendante est un demi-ton mineur, la question se ramènerait donc à celle-ci : Laquelle des deux formes de la gamme doit être considérée comme la règle, le type de la tonalité moderne ? Est-ce la gamme ascendante ou la gamme descendante ?

Les musiciens : chefs d'orchestre, organistes, virtuoses, amateurs, résolvent généralement le problème en faveur de la seconde. « On monte la gamme *ut, ré, mi, fa, sol, la, si, ut* en *fa* avec modulation en *ut* par l'introduction du si *bécarre*, (*ut*, *ré*, *mi*, *fa*, *sol*, *la*, *si* bécarre au lieu de *si* bémol, *ut*), disent-ils, et on la descend (*ut*, *si*, *la*, *sol*, *fa*, *mi*, *ré*, *ut*) en *ut.* »

Le sens commun des artistes a raison.

En effet, la tonalité moderne est basée sur deux accords fondamentaux *ut - mi - sol* et *sol - si - ré - fa - la*, dont la parfaite justesse, comme nous venons de le voir, exige que, dans le mode majeur, le septième degré ait pour mesure 15 : 8, et soit par là même séparé de la tonique par un demi-ton majeur, 16 : 15, tandis que le quatrième degré a pour mesure 21 : 16 et n'est distant du troisième que de l'intervalle de demi-ton mineur 21 : 20.

Le rapprochement de la note sensible avec la tonique dans la gamme ascendante s'explique, du reste, par l'habitude défectueuse (*) qu'ont généralement les musiciens de considérer la gamme comme formée de deux tétracordes identiques et *disjoints : Ut - ré - mi - fa* et *sol - la - si - ut ;* car, dans une suite de notes diatoniques, ce sont les extrêmes qui frappent le plus l'attention, qui se présentent comme notes principales. Rien donc d'étonnant si, par suite de la séparation mentale que les chanteurs mettent entre le premier tétracorde et le second, et lorsque la relation du quatrième degré avec la sensible, comme nous le voyons dans la gamme ascendante, n'a pu encore se faire sentir, ils fassent du quatrième degré une note principale, et lui donnent la valeur de la tonique du ton de *fa ;* surtout si l'on considère qu'ils peuvent éviter ensuite et qu'ils évitent, en

(*) Au point de vue de la tonalité moderne, non de celle du plain-chant. V. ci-devant, III.

effet, la fausse relation qu'impliqueraient les deux tierces majeures consonnantes, *fa - la* et *sol - si*, en haussant *sensiblement* le septième degré.

Mais, lorsque l'intonation est libre et que le quatrième degré n'a pas été donné comme la quarte *juste* supérieure ou quinte *juste* inférieure de la tonique, le demi-ton *si - ut*, même dans une suite de notes ascendante, n'est point nécessairement *diminué*. « D'après une sensation personnelle, a déjà remarqué M. Helmholtz (*), la relation du *si* avec l'*ut* comme *sensible* me semble *beaucoup plus accentuée* quand on exécute le passage *fa* (4 : 3) - *si* - *ut*, ou *fa* (4 : 3) - *la* - *si* - *ut*, où le *si* n'a point d'affinité avec les sons qui le précèdent, que dans le passage *sol* - *si* - *ut*, par exemple. Je n'ai pourtant rien trouvé à ce sujet dans les écrits sur la musique, et, par suite, je ne sais pas si les musiciens sont disposés à être d'accord avec moi. L'autre demi-ton de la gamme, *mi* - *fa*, ajoute M. Helmholtz, ne semble point monter vers le *fa*, *quand la tonalité est bien établie*, parce que le *mi* a, avec la tonique, *ut*, un rapport nettement indiqué, ce qui le détermine avec sûreté pour le sentiment musical. Aussi l'auditeur ne songerait-il pas à ne considérer le *mi* que comme le précurseur du *fa*. »

Ces observations de M. Helmholtz ne seront point contestées par les musiciens qui n'ont aucun système préconçu à défendre. Quand la tonalité est bien établie,

(*) *Théorie physiologique de la musique*, p. 376.

le *mi* se rattache à l'*ut* et ne tend pas vers le *fa*, et le *si* donné après la dominante inférieure, *sol*, ne se porte pas vers l'*ut* comme s'il était entendu après le *fa* pris à la quinte juste inférieure de la tonique. Le septième degré de la gamme ascendante, lorsque l'intonation est libre, ne forme donc pas toujours un demi-ton mineur avec la tonique; et s'il le forme nécessairement parfois, c'est qu'on le met en relation avec le quatrième degré, 4 : 3, quinte *juste* inférieure de la tonique aiguë (*). Mais

(*) Lorsque, en montant la gamme, on accentue les notes qui forment l'harmonie de la tonique, *ut* - *mi* - *sol*, en les mettant sur les temps forts, de manière à faire bien sentir que l'*ut* est la note principale, la tonique, et ne peut se changer en dominante du ton de *fa*, par exemple, si l'on donne, en appuyant sur les notes écrites en lettres majeures :

En montant :	En descendant :	En montant :
UT, ré, MI, fa SOL, la,	SOL, fa, MI, ré,	UT, ré, MI, fa, SOL, la, si, UT,

au lieu de :

En montant :	En descendant :	En montant :
UT, ré, mi, FA, sol, LA,	sol, FA, mi, RÉ,	ut, RÉ, mi, FA, sol, LA, si, UT,

l'artiste, violoniste ou chanteur, (en) un mot, l'artiste auquel l'intonation n'est pas imposée par le mécanisme d'instruments à sons fixes, sentira que, dans le premier cas, il doit faire entendre un quatrième degré, *fa*, rapproché du troisième, *mi*, par un demi-ton faible (21 : 20), et cela, parce que le ton d'*ut* est nettement accusé, tandis que, dans le second cas, il mettra ordinairement un demi-ton plein (16 : 15) entre les mêmes degrés et un demi-ton faible entre le *si* et l'*ut* supérieur, parce que la position du quatrième degré, *fa*, sur les temps forts donne à la phrase mélodique un tout autre caractère, et nous invite à le considérer comme une note principale, comme une tonique (premier degré), l'*ut* grave faisant fonction de dominante (cinquième degré de la gamme *fa* - *sol* - *la* - *si* bémol - *ut* - *ré* - *mi* - *fa*).

laquelle de ces deux intonations de la sensible dans la gamme *ascendante* doit être regardée comme normale ?

A ne considérer que ce qui a lieu dans la gamme *descendante*, où, comme nous venons de le faire observer, le demi-ton *ut* - *si* n'est pas un demi-ton mineur, la question est déjà résolue; car l'unité de la formule mélodique demande que les valeurs de la gamme ascendante soient les mêmes que celles de la gamme descendante : aussi les théoriciens n'attribuent-ils pas une valeur différente à une note donnée selon qu'elle fonctionne dans la gamme ascendante ou dans la gamme descendante, et l'évaluation qu'ils font des degrés de la gamme majeure sert-elle indistinctement pour l'une et l'autre de ses formes. Puis donc que le demi-ton *ut* - *si* de la gamme descendante est majeure, des deux intonations du demi-ton *si* - *ut* de la gamme ascendante, celle qui met un demi-ton majeur entre le *si* et l'*ut* est l'intonation normale, à moins qu'on ne veuille admettre pour la gamme ascendante un *si* différent de celui de la gamme descendante.

Mais, lorsqu'on examine les causes respectives des deux intonations de la sensible dans la gamme ascendante, on reconnaît bientôt que cette dernière hypothèse ne saurait être légitimement soutenue. Pourquoi, en effet, la sensible donnée après la dominante, *sol* - *si* - *ut*, ne se rapproche-t-elle pas de l'*ut*, de manière à former un demi-ton mineur? Parce que la sensible se met alors en rapport de tierce consonnante, 5 : 4, avec la dominante et se trouve par là même séparée de l'*ut* par un demi-ton majeur, 16 : 15. Et pourquoi la sensible donnée après le quatrième degré 4 : 3 se porte-t-elle vers l'*ut* de manière à produire un demi-ton plus petit que 15 : 16? Parce que le *si* 15 : 8 n'ayant point d'affinité avec le *fa* 4 : 3, la sensible tend à se relier à l'*ut* par le peu de différence de hauteur, comme l'a fait remarquer M. Helmholtz, qui aurait pu ajouter : parce que le septième degré tend aussi à se rattacher au *fa* 4 : 3 par un rapport de quarte majeure naturelle, 7 : 10, *fa* - *si*, renversement de la quinte mineure, 5 : 7, *si* - *fa* ; mais si le *fa* était pris plus bas que 4 : 3 et valait 21 : 16, le septième degré pourrait se rallier au quatrième par un rapport de quarte majeure naturelle et prendre la même valeur, 15 : 8, que lorsqu'il est donné après la dominante. Ainsi, c'est parce que le *fa* est pris à la quinte juste inférieure de la tonique et a pour mesure 4 : 3 et non 21 : 16, que le *si* de la gamme ascendante est souvent plus élevé que 15 : 8.

Or le *fa* 4 : 3, nous le savons, est plus élevé que le *fa* de la gamme descendante et que le *fa* de l'accord éminemment caractéristique de la tonalité majeure, l'accord de septième de dominante attaqué librement et sans préparation; le *fa* 4 : 3 n'est point l'intonation normale du quatrième degré dans le mode majeur de la tonalité moderne; c'est le *fa* 21 : 16.

Il s'ensuit que l'intonation du *si*, qui dépend de celle du *fa* 4 : 3 n'est pas normale non plus, mais que c'est l'intonation du *si* qui dépend de celle de la dominante *sol* ou du *fa* 21 : 16 ; partant, que l'intervalle *si-ut* de la gamme ascendante n'est pas normalement un demi-ton mineur, mais le demi-ton 16 : 15 ; en un mot que, dans la gamme majeure ascendante de la tonalité moderne, interprétée conformément aux relations harmoniques de chacun de ses degrès, le septième est séparé du huitième par un demi-ton majeur aussi bien que dans la gamme descendante.

Enfin, quelle que soit la fréquence du fait dans la pratique, ce n'est que par suite de diverses circonstances *accidentelles*, que, dans la résolution de l'accord de septième de dominante du mode majeur : *sol - si - ré - fa* sur *ut - mi - sol*, résolution éminemment caractéristique de la tonalité moderne, les artistes font de chacun des intervalles *mi - fa* et *si - ut* des demi-tons faibles. C'est là un « fait qu'il est essentiel de constater, dit M. Fétis, parce qu'il est en opposition absolue avec la théorie mathématique de la musique, et que l'erreur des mathématiciens à cet égard est la cause fondamentale de leur fausse doctrine (*). » Que ce phénomène soit en opposition absolue avec la théorie ordinaire des physiciens, en ce qu'il implique le rapprochement du quatrième degré et de la sensible dans la quinte *si - fa* en *ut*, nous en sommes convenu ; mais prouve-t-il que, normalement, ce soient les deux demi-tons *si - ut* et

(*) *Revue* et *Gazette musicale*, 3 janvier 1847.

mi-fa qui doivent être mineurs, plus petits que 15 : 16, et non pas seulement l'un des deux, *mi-fa,* comme c'est notre avis? La question est bientôt résolue lorsqu'on se demande pourquoi, dans la résolution de l'accord de dominante du mode majeur, les artistes *diminuent* les demi-tons *si - ut* et *mi - fa*. Les artistes, en effet, sont *très-souvent* accompagnés d'instruments à sons fixes, accordés suivant le système du tempérament égal, où les demi-tons *mi-fa* et *si - ut* sont plus petits que ne l'indique le rapport 16 : 15, environ 0,55 du comma 81 : 80. D'autre part, dans l'accord de septième de dominante si souvent employé dans la modulation comme accord de *transition,* la note faisant fonction de septième est presque toujours donnée avec la valeur qu'elle avait dans le ton précédent et se trouve par là même trop élevée comme septième (*) ; d'où il résulte que les chanteurs, en ce cas, lors même que l'intonation est libre, rapprochent *sensiblement* le septième degré de la tonique, afin de le mettre en rapport de quinte mineure naturelle, 5 : 7, *si - fa,* avec le quatrième degré, plus élevé alors que ne l'indique la valeur 21 : 16, par rapport au premier degré du ton nouveau (**).

D'après ce que nous avons dit, il n'y a qu'un instant, des deux intonations de la sensible dans la gamme

(*) On trouvera la démonstration de cette assertion, p. 297 et suiv. de *Le principe radical de la musique et la tonalié moderne.* Deuxième partie, **IX. Accords altérés et modulation.**

(**) **V. ibid. III.** *Genèse du second accord fondamental,* etc , p. 131.

ascendante, on comprend que la sensible doive se rapprocher aussi de l'*ut*, lorsqu'elle est introduite dans l'accord de septième de dominante après avoir été mise en relation *mélodique* avec un *fa* plus élevé que le *fa* 21 : 16.

Ainsi, en définitive, quelque fréquente qu'en soit la réitération, le fait de la diminution des deux demi-tons de la gamme, ou parfois même du second seulement (*si*-*ut*) n'est dû, on le voit, qu'à des circonstances *accidentelles*. Si, l'intonation étant libre, l'accord de dominante fonctionne dans l'unité tonale et non comme accord de transition, et si la tierce, *si*, n'a pas été introduite dans cet accord après avoir été mise en rapport mélodique avec une quarte majeure grave ou quinte mineure aiguë, *fa*, trop élevée, la septième de l'accord de dominante, *fa*, quatrième degré, et la tierce, *si*, septième degré, y prennent *naturellement, vu l'influence occulte des harmoniques et des sons résultants*, les mêmes valeurs que dans la gamme descendante et dans la gamme ascendante interprétée conformément aux fonctions harmoniques de chacun de ses degrés dans la tonalité moderne; et le quatrième degré a pour mesure 21 : 16 et le septième, 15 : 8.

Arrivé à ce point, nous ne voyons plus aucune difficulté sérieuse à opposer à la thèse que nous venons de soutenir; et nous croyons pouvoir conclure, sans qu'on puisse nous accuser de témérité, que l'évaluation numérique de la gamme présentée en dernier lieu est celle de la vraie gamme majeure de la tonalité par excellence, la tonalité moderne.

APPENDICE (*)

Extraits d'une étude sur la théorie musicale de M. CHARLES MEERENS, publiée dans la *France musicale*, année 1870 (n°s 26, 27, 28, 29, 30).

I

(*France musicale,* 26 juin 1870.)

... L'obstacle principal à la création d'une théorie musicale de tous points rationnelle n'a pas non plus échappé à M. Meerens. « Le grand écueil de tous les théoriciens, dit-il, fut la détermination du rapport numérique qui exprime le quatrième degré de la gamme... C'est là vraiment le nœud gordien de cette science (**). » M. Meerens a même su reconnaître que le quatrième degré, *fa* en *ut,* doit être déterminé d'après la valeur qui lui est propre lorsqu'il fonctionne, non dans l'accord parfait majeur dont il forme la basse, *fa-la-ut,* et où il a pour mesure 4 : 3, mais dans l'accord

(*) Voir, ci-devant, la note de la page 31.

(**) Hommage à la mémoire de M. Delezenne. *Examen analytique de ses expériences d'acoustique musicale,* par C. Meerens.

éminemment caractéristique de la tonalité moderne, l'accord de septième de dominante : *sol-si-ré-fa.*

Si, de l'aveu des musiciens et de notre plus sérieux adversaire, M. Helmholtz, avons-nous fait observer nous-même (*), l'accord de septième de dominante joue dans la tonalité moderne le principal rôle après l'accord de tonique, il est évident que le caractère propre du quatrième degré, *fa*, de la gamme de la tonalité moderne, est celui qu'il prend dans cet accord : *sol-si-ré-fa*. Or, le rapport 4 : 3, assigné pour mesure au quatrième degré dans l'échelle que donne M. Helmholtz avec la plupart des physiciens, exprime exactement la valeur qu'il aurait si nous admettions qu'il dût être pris à la quinte inférieure de la tonique, comme note de basse de l'accord parfait majeur *fa-la-ut ;* mais ce rapport n'est sûrement pas la mesure du quatrième degré tel qu'il se fait entendre dans l'accord de septième de dominante de la tonalité moderne, donné librement et avec son mode d'attaque caractéristique, c'est-à-dire sans préparation.

II

(*France musicale*, 3 juillet 1870).

Le quatrième degré doit être déterminé d'après la valeur qui lui est propre dans l'accord de septième de

(*) P. 111 et 112 de *Le principe radical de la musique*, etc.

dominante : *sol - si - ré - fa* en *ut,* M. Meerens et nous, en convenons. Mais quelle est cette valeur?

M. Meerens développant sa théorie basée sur la simplicité des rapports numériques et s'appuyant sur les expériences de M. Delezenne, prend la septième de dominante des deux modes, *fa,* à la tierce mineure consonnante, 6 : 5, du deuxième degré, *ré,* quinte juste de la dominante, *sol,* ce qui donne 27 : 20 pour mesure du quatrième degré, *fa,* par rapport à la tonique, *ut,* dans le mode majeur comme dans le mode mineur.

Nous ne contestons pas l'exactitude des expériences de M. Delezenne rapportées par M. Meerens, p. 39 à 41 de sa dernière brochure (*Examen analytique*) ; mais il est facile de démontrer, croyons-nous, que ces expériences ne sont pas concluantes pour la détermination de la septième de dominante *du mode majeur.* Que la septième de dominante puisse prendre la valeur que M. Meerens lui attribue, qu'elle la prenne même fréquemment, rien de plus vrai. Nous-même avons assigné cette valeur à la septième de dominante du *mode mineur,* quoique notre théorie soit basée sur un autre principe (*) que celle de M. Meerens.

En effet, comme nous l'avons reconnu, l'accord mineur de tonique, *ut - mi* b *- sol,* une fois constitué par le changement de la tierce majeure, *mi,* de l'accord parfait

(*) Le principe radical de notre théorie, comme on l'a vu ci-devant, p. 32 et 33, est le phénomène des harmoniques, propriété essentielle du véritable son musical.

majeur, *ut - mi - sol,* en tierce mineure, *mi* b, l'unité d'expression imposée à tout vrai produit de l'art demande que le second accord fondamental, l'accord naturel dissonant fondé sur la dominante du mode majeur : *sol - si - ré - fa - (sol) - la*, se modifie d'une manière analogue dans le mode mineur. « La vraie unité (dans l'œuvre d'art), dit M. Cousin, c'est l'unité d'expression, et la variété n'est faite que pour répandre sur l'œuvre entière l'idée ou le sentiment unique qu'elle doit exprimer. » Or, si l'accord de tonique, premier fondamental du mode mineur, fournit un moyen d'expression particulier, c'est que, d'une part, un des sons qui le composent, *mi* b, ne peut être considéré comme élément constitutif, comme son partiel de la tonique *ut* (*), et que, de l'autre, des sons résultants qu'il produit, plusieurs, et des plus importants, ne rentrent pas dans les notes de l'accord (**). Pour l'application parfaite de la loi d'unité d'expression, imposée à tout vrai produit de l'art, le second accord fondamental du mode mineur doit donc comprendre aussi des sons primaires qui ne puissent être considérés comme éléments consti-

(*) Les sons partiels qui composent le son musical *ut* forment, à partir du son fondamental, la série ascendante *ut, ut* octave, *sol, ut, mi, sol,* etc.

(**) Toutes les notes de l'accord parfait majeur, au contraire, se trouvent représentées dans la série des harmoniques de sa basse, et tous les sons résultants différentiels rentrent dans l'accord. C'est ce qui a lieu aussi pour l'accord de dominante du mode majeur : *sol - si - ré - fa - (sol) - la*, déterminé d'après la série des harmoniques. V. ci-devant p. 34.

tutifs de la note fondamentale, *sol* (*), et des sons résultants qui soient étrangers aux notes de l'accord.

Pour l'accord de septième de dominante du mode mineur *sol - si - ré - fa*, on obtient l'unité d'expression requise en faisant de la septième *fa* la tierce mineure consonnante de la quinte *ré :* la septième, en ce cas, est prise en dehors des harmoniques de la basse *sol*, et plusieurs sons résultants de premier ordre ne rentrent pas dans l'accord.

C'est ainsi que, d'après les considérations que nous avons nous-même présentées, le quatrième degré prend dans le mode mineur la valeur que M. Meerens lui attribue indistinctement dans les deux modes.

Mais, pour nous, le quatrième degré, septième de dominante du mode majeur, attaquée librement et sans préparation, est sensiblement moins élevé que le degré correspondant du mode mineur.

Sans même discuter ici la question au point de vue scientifique, il nous semble qu'il suffit d'attirer l'attention des musiciens sur les conséquences pratiques de la doctrine de M. Meerens.

Si le quatrième degré du mode majeur a réellement la valeur que M. Meerens lui assigne, il est *plus élevé* que le quatrième degré 4 : 3, donné généralement par

(*) La dominante *sol*, avec ses harmoniques, forme la série ascendante : *sol - sol - ré - sol - si - ré - fa* (tierce mineure dissonante 6 : 7) - *sol - la*, etc.

les physiciens, et qui correspond à la basse d'un accord parfait dont la tonique *ut* serait la quinte : *fa - la - ut*. Or, c'est le contraire qui a lieu dans la pratique : lorsque la résolution de l'accord de septième de dominante, *sol - si - ré - fa*, attaqué sans préparation, doit être normale, c'est-à-dire avoir lieu sur les éléments de l'accord de tonique, *ut - mi - sol*, et que, d'autre part, l'intonation n'est pas imposée par le mécanisme d'instruments à sons fixes, le *fa*, quatrième degré, se rapproche plus du troisième, *mi*, que s'il formait la basse de l'accord parfait *fa - la - ut*. C'est là un fait tellement évident que M. Helmholtz lui-même est obligé d'en convenir, quoiqu'il admette pour le quatrième degré l'évaluation généralement adoptée par les physiciens (*).....

Avec le grand demi-ton *fa - mi*, 27 : 25, qui résulte de l'emploi du *fa* tierce consonnante du *ré*, que devient, d'ailleurs, le fait généralement admis de l'attraction du *fa* vers le *mi* dans la résolution de l'accord de septième de dominante du mode majeur ? A la vérité, nous ne supposons pas avec « l'école toute poétique de M. Fétis (paroles de M. Meerens) les notes *mi* et *ut* de l'harmonie consonnante douées d'un pouvoir magnétique qui attire les notes *fa* et *si* de l'harmonie dissonante ; » mais nous savons que le phénomène auquel les musiciens donnent le nom d'attraction implique la diminution du demi-ton

(*) V. ci-devant p. 24 et 25.

entre la note attirée et la note attractive : en ce cas, de l'aveu de tous les musiciens qui parlent d'attraction, le demi-ton est plus petit que le demi-ton ordinaire; par exemple, le *fa*, dissonance de septième du mode majeur, est dit attiré vers le *mi* parce qu'il se rapproche du *mi*, parce que le demi-ton *fa-mi* se trouve diminué. Or, avec le *fa* donné par M. Meerens, le demi-ton *fa-mi*, loin d'être diminué, est augmenté d'un comma par rapport au demi-ton ordinaire.

Le fait de la diminution du demi-ton *fa-mi* dans la résolution de l'accord de septième de dominante du mode majeur sur l'accord de tonique avait été constaté par M. Meerens lui-même, il y a quelques années seulement. Dans une brochure publiée en 1864 (*), M. Meerens mesure l'intervalle *fa-mi* par le rapport 21 : 20, ce qui donne un demi-ton plus petit que le demi-ton ordinaire de plus d'un comma.

M. Meerens, il est vrai, dans sa plus récente brochure, nous fait, au sujet de sa publication de 1864, cet aveu : « Sauf le principe certain qui est le point de départ de la nouvelle théorie que j'y expose, cet opuscule, j'en fais l'humble confession, peut aller se joindre aujourd'hui à la multitude des spéculations erronées dont la science est encombrée, et comptera comme une étrangeté de plus dans la liste démesurément longue des jeux d'esprit concernant cette matière (**). »

(*) **Instruction élémentaire du calcul musical et philosophie de la musique.**

(**) *Examen analytique*, etc., p. 18.

Très-bien. Mais les faits de la pratique n'en sont pas moins des faits que M. Meerens pouvait constater il y a six ans comme aujourd'hui. Si la tolérance de l'oreille est grande, il est difficile de croire qu'elle le soit assez pour qu'on puisse confondre le petit demi-ton 21 : 20 avec le grand demi-ton 27 : 25, dont le premier est plus petit que le demi-ton ordinaire de plus d'un comma, et le second plus grand d'un comma, ce qui fait une différence de plus de deux commas, plus d'un quart du ton mineur, entre les deux demi-tons.

Voilà pour ce qui est des faits. Au point de vue scientifique et esthétique, d'autre part, il est certain, nous croyons du moins l'avoir démontré (*), que la septième de dominante du mode majeur doit se déterminer d'après le septième son partiel de cette dominante, c'est-à-dire être prise à la tierce mineure dissonante du *ré*, moins grande de plus de deux commas que la tierce mineure consonnante. Par suite, le quatrième degré, *fa*, a pour mesure normale 21 : 16 par rapport à la tonique *ut*, et le demi-ton *fa-mi* se trouve diminué conformément à la pratique des musiciens, qui baissent sensiblement le *fa* vers le *mi*, dans la mélodie même, lorsque le ton d'*ut* est bien établi.

La septième du mode majeur, déterminée d'après la série des harmoniques, l'emporte, en effet, sur toute

(*) P. 131 et suiv. de *Le principe radical de la musique et la tonalité moderne.*

autre septième, soit pour ce qui est de la coïncidence des harmoniques, soit pour ce qui est de la suavité des sons résultants. La gamme majeure même gagne à prendre son quatrième degré dans l'accord de septième constitué d'après la série des harmoniques de la dominante. Comme nous l'avons fait observer (*), ce degré forme avec le sixième une tierce majeure, *fa - la*, sensiblement dissonante, et cette dissonance fait disparaître *la fausse relation* de deux tierces majeures consonnantes de suite, *fa - la* et *sol - si*, que n'évitent ni la gamme majeure des physiciens, ni celle de M. Meerens.

III

(*France musicale,* 10 juillet 1870).

En attirant l'attention du lecteur sur le fait de la diminution du demi-ton qui sépare le quatrième degré du troisième dans la résolution normale de l'accord de septième de dominante du mode majeur, en d'autres termes, pour prendre le langage des musiciens, sur l'attraction du *fa* vers le *mi*, et, d'autre part, en indiquant les preuves physiques tirées de la considération des sons harmoniques et des sons résultants, nous

(*) Ibid. p. 151 et suiv.

croyons avoir suffisamment fait voir que la septième de dominante normale du mode majeur n'est pas, comme le pense M. Meerens, la tierce *consonnante* du deuxième degré. Cette évaluation, nous l'avons reconnu, implique au point de vue de la mélodie, entre le quatrième degré et le troisième, un demi-ton augmenté d'un comma, au lieu d'un demi-ton diminué, par rapport au demi-ton ordinaire, et, au point de vue de l'harmonie, des sons résultants de premier ordre étrangers aux notes de l'accord de septième de dominante et des coïncidences de sons partiels moins importantes, en somme, que celles qui résultent de l'emploi de la septième, tierce mineure dissonante du deuxième degré, *fa-ré*, 7 : 6.

Quant aux expériences de M. Delezenne, dont l'exactitude ne saurait être mise en doute, elles démontrent seulement l'existence d'une septième de dominante, tierce mineure consonnante du deuxième degré. Telle est, nous l'avons vu, la septième de dominante normale du mode mineur. Lorsque l'accord de septième de dominante *sol-si-ré-fa*, par exemple, doit faire sa résolution sur les éléments de l'accord de tonique *ut-mi* b-*sol*, le *fa* se prend à la tierce mineure consonnante du *ré*, en vue de l'expression particulière au mode mineur (*), et aussi pour que l'intervalle mélodique *fa-mi* b forme un ton juste, ce qui n'aurait pas

(*) V. ci-devant, II.

lieu si la septième de dominante du mode mineur se donnait, comme celle du mode majeur, à la tierce mineure dissonante du deuxième degré.

Il y a plus : la septième de dominante du *mode majeur* peut et quelquefois doit, dans la modulation, se prendre par rapport au deuxième degré à une tierce mineure plus élevée que la tierce mineure normale 7 : 6. C'est ce qui arrive, en général, lorsque la note qui forme septième est entendue préalablement dans un accord d'origine différente (*). Dans ce cas, il y a réellement modulation, et la note qui a été *préparée* ne saurait prendre sa valeur normale de septième dans le ton nouveau sans produire un intervalle mélodique infime et, comme tel, difficile à exécuter et désagréable.

Il arrive même parfois qu'après l'audition de l'accord parfait *majeur* de tonique, la septième de dominante est donnée juste à la tierce mineure consonnante du deuxième degré : c'est lorsque, par suite d'une modulation inattendue, la septième se résout en descendant d'un ton. Par exemple, si, après avoir chanté en *ut*, on module en passant de l'accord de dominante *sol-si-ré-fa* au premier renversement *sol-si* b-*ré* b-*mi* b, de l'accord de septième de dominante du ton de *la* b, afin d'arriver à l'accord de repos *la* b - *ut* - *mi* b, on prend

(*) La démonstration de cette assertion est donnée p. 295 et suiv. de *Le principe radical de la musique et la tonalité moderne.*

instinctivement le *fa* du premier accord de septième à la tierce mineure consonnante du second degré, vu la nécessité de mettre un ton juste entre le *fa* et le *mi* b sur lequel il se résout : en ce cas, l'accord de septième de dominante du mode mineur remplace celui du mode majeur. La septième originelle, *ré* b, de l'accord suivant, sera, d'ailleurs, baissée vers la tierce, *ut*, sur laquelle elle fait sa résolution, et se prendra à la tierce mineure dissonante, 7 : 6, du deuxième degré, *si* b, du nouveau ton majeur, *la* b.

Ces exemples nous font comprendre que les expériences les plus précises, pour être concluantes, ne doivent pas avoir seulement pour objet l'accord de septième de dominante considéré dans sa généralité, mais les différents états de cet accord de septième, dont la constitution se modifie selon les diverses circonstances de son emploi.

Il y a une autre cause d'erreur dont les expérimentateurs les plus habiles doivent aussi tenir compte : c'est que les musiciens habitués au système du *tempérament égal* prennent souvent la septième de dominante entre la tierce consonnante et la tierce dissonante 7 : 6 du deuxième degré, comme cela est arrivé à deux des artistes qui prêtaient leur concours à M. Delezenne. M. Beaumann regardait comme juste une septième plus élevée de 1,39 comma que la septième de dominante du mode majeur, et plus grave de 87 centièmes de comma que la septième de dominante du mode mineur. Avec le concours de M. Magnien, la septième de dominante était prise à un demi-comma environ au-dessous de la tierce consonnante de la sus-tonique.

Si MM. Wilbien et Bachy, à quelques faibles divergences près, ont constamment jugé bonne la septième prise à la tierce consonnante de la quinte, on ne doit pas s'en étonner, puisque la septième ainsi déterminée est la septième de dominante normale du mode mineur. Mais il nous reste à expliquer pourquoi M. Wilbien regardait comme fausse la septième de dominante du mode majeur, c'est-à-dire celle que nous prenons à la tierce mineure dissonante du deuxième degré, quinte de la basse.

C'est que M. Delezenne faisait d'abord entendre les notes de l'accord de dominante dans l'ordre mélodique, successivement, et *finissait sur la septième*, qui, par là même, tendait à se mettre en rapport de consonnance avec la quinte. M. Meerens n'a-t-il pas fait observer lui-même que « la dernière note qu'on chante est toujours envisagée comme fondamentale? » La septième, terminant une série mélodique, prendra donc autant que possible le caractère d'une note fondamentale, le caractère de repos; elle formera tierce mineure consonnante avec la quinte, et ne se mettra en rapport de tierce mineure dissonante 7 : 6 avec cette dernière qu'autant que le chanteur se représentera formellement la résolution de la septième *sur la tierce majeure de tonique.* En ce cas même, comme la tierce mineure dissonante, considérée isolément, est moins harmonieuse que la consonnante, la septième *fa* pourrait paraître fausse à celui qui oublierait sa relation avec la basse et la tierce, *sol-si.*

D'un autre côté, la septième, une fois prise à la tierce mineure consonnante de la quinte dans l'ordre successif, comme cela se pratique généralement dans les expériences faites par l'acousticien et le musicien réunis, on est porté à regarder ensuite comme fausse la septième de dominante du mode majeur, tierce mineure dissonante du deuxième degré, lors même qu'on donne cette dernière dans l'accord *plaqué* : le sens musical, qu'a surtout frappé la relation de la quinte avec la septième, tierce mineure consonnante, se trouve désagréablement affecté lorsque la septième vient à former avec la quinte un intervalle moins harmonieux, considéré isolément, une tierce mineure dissonante. Cette circonstance nous explique pourquoi les expériences de M. Delezenne ont abouti à un résultat dont la valeur ne saurait être défendue depuis que M. Helmholtz a démontré la généralité et l'intensité relativement considérable des sons harmoniques et des sons résultants. M. Wilbien, en effet, a jugé tout à fait faux l'*accord plaqué* de septième de dominante dont la dissonance forme, avec la quinte, la tierce mineure dissonante 7 : 6, et excellent celui qui se donne avec la septième, tierce consonnante de la quinte. Or, le premier de ces accords fait naître des sons résultants qui ne sont que le redoublement des sons primaires à une octave inférieure : *sol - sol - ré - sol - si - ré - fa*, par exemple, c'est-à-dire l'ensemble le plus harmonieux qu'un accord de septième puisse présenter ; tandis que l'accord de septième avec tierce mineure consonnante de la quinte a pour sons résultants *mi*b - *si*b - *sol* - *la* faux - *ré*, les sons primaires étant *sol - si - ré - fa*. Et si l'on tient compte des coïncidences d'harmoniques, l'avantage est encore à l'accord de septième du mode majeur : les intervalles *sol - fa* et *si - fa* sont plus harmonieux avec la septième, tierce dissonante 7 : 6 du deuxième degré ; l'intervalle *ré - fa* gagne seul à ce que la septième *fa* soit prise à la tierce consonnante (*).

Pour ce qui est des faits artistiques, d'ailleurs, les musiciens, ne l'oublions pas, prennent le quatrième degré, *fa*, septième de dominante du mode majeur, plus bas que s'il était la basse de l'accord parfait majeur *fa - la - ut*, et, par conséquent, plus bas que le quatrième degré, tierce consonnante de la sus-tonique, plus aigu d'un comma que le quatrième degré, basse de l'accord parfait *fa - la - ut*.

Ce phénomène de la diminution du demi-ton *fa - mi* dans la résolution normale de l'accord de septième de dominante du mode majeur aurait dû suffire pour ins-

(*) La démonstration de cette assertion se trouve p. 145 et suiv. de *Le principe radical de la musique*, etc.

pirer à M. Meerens des doutes sur la portée des expériences de M. Delezenne par rapport à la détermination de la septième de dominante de ce mode. Mais, comme M. Delezenne a été séduit par la simplicité des rapports numériques lorsqu'il s'est prononcé en faveur de la gamme des physiciens, M. Meerens, à qui nous empruntons cette remarque sur M. Delezenne, a été séduit à son tour par le même principe lorsqu'il s'est décidé à prendre la septième de dominante du mode majeur à la tierce mineure consonnante du deuxième degré. « Nous pouvons, dit M. Meerens, grâce aux expériences de M. Delezenne, poser en fait que la vraie formule des rapports musicaux est $2^l \times 3^m \times 5^n$, les exposants des puissances l, m, n, étant des nombres positifs ou négatifs (*) ; » en d'autres termes, « les sensations agréables de la musique sont produites au moyen d'intonations dont les différences font naître des intervalles exprimables par des rapports numériques indécomposables, dans lesquels n'entrent que les nombres élémentaires 2, 3, 5, ou par des rapports décomposables dans lesquels ces seuls nombres entrent comme facteurs (**). » Adoptant cette formule, M. Meerens ne pouvait se dispenser de prendre la septième de dominante des deux modes à la tierce mineure consonnante, 6 : 5, du deuxième degré, et de mettre par là même un

(*) *Examen analytique*, p. 28.

(**) *Phénomènes musico-physiologiques*, p. 5 et 6.

grand demi-ton entre la septième de dominante et la tierce majeure de tonique, contrairement à l'opinion commune des musiciens.

Ce n'est pas la seule erreur que l'adoption de la formule précitée ait fait commettre à M. Meerens. Pour ne pas sortir des limites assignées par cette formule, M. Meerens s'est vu obligé de prendre l'altération descendante du deuxième degré, *ré* b, à la tierce majeure consonnante de la septième, *fa*, tierce mineure consonnante du deuxième degré non altéré. Une telle genèse donne entre le *ré* b et l'*ut*, sur lequel s'opère la résolution de l'altération, un demi-ton plus grand d'un comma que le demi-ton ordinaire.

Mais on sait que les artistes affirment que le demi-ton entre la note altérée et la note suivante est plus petit que le demi-ton ordinaire ; c'est la grande objection des musiciens contre la théorie des physiciens qui obtiennent un *ré* b plus élevé qu'*ut dièse*.

Pour nous, comme nous prenons la septième de dominante du mode majeur à la tierce dissonante 7 : 6 de la sus-tonique, en faisant de l'altération descendante *ré* b la tierce majeure grave 4 : 5 de la septième, *fa*, nous obtenons un petit demi-ton, 20 : 21, entre l'*ut* et le *ré* b ; et comme, d'autre part, nous n'excluons pas les rapports harmoniques évalués par le nombre 7, en faisant du *ré* b la tierce majeure dissonante 7 : 9 de la septième de dominante du mode mineur, tierce mineure consonnante de la quinte naturelle, *ré*, nous avons pour le *ré* b du mode mineur la même valeur que pour celui de l'autre, par suite, le même petit demi-ton entre l'altération descendante du deuxième degré et la tonique, sur laquelle s'opère la résolution.

IV

(*France musicale*, 17 juillet 1870).

... Mais nous sommes loin d'être du même avis par rapport à la *substitution.*

On sait que M. Fétis regarde la neuvième de dominante, *la*, de l'accord *sol-si-ré-fa-la* comme une note substituée au *sol* supérieur de l'accord *sol-si-ré-fa-sol.* Tout en rendant hommage à « l'instinct délicat pour la musique dont cet illustre harmoniste est doué, » M. Meerens, au contraire, prétend que M. Fétis a « le tort de nommer substitution une note qui ne substitue rien du tout. »

Or, nous avons démontré scientifiquement, croyons-nous, que la forme typique du second accord fondamental de la tonalité moderne, l'accord naturel dissonant fondé sur la dominante (*), s'obtient en superposant des sons primaires correspondant aux har-

(*) P. 130 à 149 de *Le principe radical de la musique*, etc.

moniques de sa basse, 1, 2, 3, 4, 5, 6, 7, 8, 9 ou *sol-sol-ré-sol-si-ré-fa-(sol)-la ;* et, comme on ne peut conserver le redoublement de la dominante, *sol,* huitième son partiel, au-dessus de la *septième, fa,* en même temps qu'on introduit la neuvième, *la*, correspondant au neuvième son partiel de la basse génératrice, *sol*, il faut, pour *compléter* l'effet propre à l'harmonie de la dominante, supprimer l'octave de la dominante, placée au-dessus de la septième, et la remplacer par la neuvième, en sorte que le *la* est réellement *substitué* au *sol.*

FIN.

Saint-Dié, Typog. et Lithog. de Ed. TROTOT.

LE

PRINCIPE RADICAL DE LA MUSIQUE

ET LA

TONALITÉ MODERNE

OU

La Science de l'harmonie basée sur la nature même du son musical,

PAR

F.-A. RENAUD,

Professeur.

On lit dans le *Guide musical* de Bruxelles du 27 juillet 1871, à propos de la publication de l'*Etude sur les diverses interprétations ou évaluations de la gamme :*

« Cet écrivain (l'auteur) se recommandait déjà par l'ouvrage scientifique, aussi intéressant que savant : ***Le principe radical de la musique*** et la ***tonalité moderne*** ou la ***science de l'harmonie basée sur la nature même du son musical,*** traité d'acoustique appliquée, établissant les assises de la théorie musicale, en particulier, les accords fondamentaux et la filiation des accords dérivés, soit naturels, soit altérés, et donnant la clef des variations d'intonation qui se produisent, soit dans l'ordre de l'unité tonale, soit dans la modulation. »

« D'une part, M. Renaud adopte avec M. Helmholtz, contrairement à l'opinion de M. Fétis, le phénomène des harmoniques pour principe radical de la musique; et, d'autre part, il combat l'explication que M. Helmholtz donne de l'influence du phénomène des harmoniques dans la formation de la tonalité moderne, et donne une explication différente qui le conduit à la démonstration scientifique des principales découvertes de M. Fétis dans le domaine de la tonalité. » (***Revue et Gazette musicale de Paris,*** 27 mars 1870).

PRIX : 6 francs. ***Franco.***

Saint-Dié, Typ. et Lith. de Ed. TROTOT.

www.ingramcontent.com/pod-product-compliance
Ingram Content Group UK Ltd.
Pitfield, Milton Keynes, MK11 3LW, UK
UKHW021148230726
13926UKWH00002B/994

9 782014 435344